AF247771

DÉFENSE

DE LA FRANCE

EN 1871

PAR M. WEST

INTENDANT MILITAIRE DU CADRE DE RÉSERVE

Commandeur de la Légion-d'Honneur.

Fais ce que dois, advienne que pourra.

PARIS

LIBRAIRIE MILITAIRE DE DUMAINE

RUE ET PASSAGE DAUPHINE

1871

RENNES

TYPOGRAPHIE ALPHONSE LEROY FILS, RUE LOUIS-PHILIPPE.

PRÉFACE

Dans une sollicitude affectueuse pour moi, quelques personnes m'ont témoigné la crainte que ma sincérité ne m'attire un mauvais parti, soit des impatients de paix, soit des faux-sages, soit des révolutionnaires, soit des Prussiens ; ces personnes m'ont conseillé de ne pas faire la présente publication.

Je ne me dissimule pas que c'est une rude tâche de coudoyer avec les aspérités de la vérité, ceux qui ont un compte à régler avec la vérité ; mais Dieu ne nous a-t-il pas mis sur la terre pour manger notre pain à la sueur de notre front, et pour mourir à la peine ? Quel que soit ce que Dieu me réserve, que sa volonté soit faite !

Les personnes qui pour leur prochain se montrent prudentes, agissent noblement. Mais au milieu des victimes que font les privations, les ruines et les souffrances ; en présence des héros qui, un contre trois, ont bravé la grêle de mitraille, celui qui, pour sa personne, est saisi de trop de prudence, descend au-dessous du niveau commun. Ce n'est donc pas un mérite bien grand de ma part d'apporter à la défense de la patrie le contingent de mon effort.

Je le fais, et je m'affermis en redisant le vieil adage :

Fais ce que dois, advienne que pourra.

DÉFENSE DE LA FRANCE

EN 1871

CAUSES DE LA GUERRE.

La paix! la paix! la paix! Déjà même avant la guerre, ce désir était dans tous les cœurs; combien, depuis nos ruines et nos deuils, le besoin de la paix est devenu plus impérieux qu'auparavant! Ne recourons donc à nos derniers moyens de résistance que si nous nous y sommes contraints par une irrésistible nécessité.

Les conditions d'une paix acceptable sont liées aux causes de la guerre; nous avons donc pour nous éclairer sur les conditions d'une paix, à remonter aux causes de la guerre. Les causes de la guerre ne sont pas seulement dans les faits récents, ils sont aussi dans des faits déjà anciens de plus d'un siècle. Quelques jalons de l'histoire nous suffisent pour les signaler.

A partir de 1740, Frédéric II, pour constituer sa puissance, et sans y être forcé par la protection de ses sujets, a employé des procédés que la postérité a jugé déshonnêtes; il a subjugué des populations contre leurs vœux les plus légitimes et les plus persistants. Pour assurer le succès de ses iniquités, il a exagéré ses forces militaires ; et il a entraîné tous les souverains de l'Europe à augmenter cette charge écrasante de leurs peuples. Montesquieu, dès 1748, signalait, dans l'*Esprit des Lois,* le fléau imposé par Frédéric II. « Une » maladie nouvelle, dit-il, s'est répandue en Europe; » elle a saisi nos princes, et leur fait entretenir un » nombre désordonné de troupes, etc... »

En 1778, après nombre de précédents méfaits, Frédéric a obtenu le partage de la Pologne ; et voilà 92 ans que la Pologne agonise sans qu'on prévoie encore la cessation de son martyre. Les successeurs de Frédéric II ont plus ou moins continué ce rôle d'aventurier ; en 1791, ils ont envahi la France pour la démembrer ; en 1814 et en 1815, ils poussaient à ce but, et ils ont échoué contre la résistance du reste de l'Europe. Cette politique s'appuie uniquement sur le triomphe de la force, elle se caractérise par l'importation dans la vieille société chrétienne, d'un principe du paganisme. Ce principe est la domination par la force. Voltaire, qui au point de vue chrétien n'était qu'une brute haineuse, exaltait les victoires de Frédéric, même contre sa patrie.

La puissance prussienne ne maintient les populations qui la composent, exclusivement que par la force ; elle ne possède qu'une existence subordonnée à la condition du succès. Aussi la Prusse sacrifie tout au succès ; elle sacrifie les engagements, les droits de l'hospitalité, la reconnaissance ; contre ses alliés, elle met en honneur l'espionnage, elle fomente la révolte ; contre les populations sans défense, elle organise le pillage (1) ; contre ses ennemis, en soumettant au bombardement les vieillards, les malades, les femmes, les enfants, elle exploite jusqu'à la pitié ; en un mot, en réimportant le principe du paganisme, la domination, elle a réimporté fatalement les horreurs du paganisme que la vieille société chrétienne avait considérablement amoindries par des usages passés dans le droit des gens. La mise en principe de toutes ces immorales pratiques a été décorée par elle du nom de science militaire ; et le gou-

(1) On a écrit qu'une nuée de cantiniers suivait les armées prussiennes, pillait les propriétés privées ; cette assertion nécessite d'être rectifiée, et nous affirmons opérer cette rectification d'après la déclaration des officiers prussiens eux-mêmes. La discipline est, chez nos ennemis, trop forte pour qu'on permette aux cantiniers de piller. Le pillage de la propriété privée est organisé par les officiers eux-mêmes, à leur profit personnel. Des officiers français se sont parfois, par exception, livrés à une pareille dérogation à l'honneur ; ils ont toujours été mis à l'index de l'armée, sinon chassés. Dans l'armée allemande, le brigandage est la règle, et l'honnêteté l'exception.

Des officiers cherchant leur titre d'avancement dans la mission d'espion, s'introduisant dans la confiance des familles sous le rôle de domestique, ne sont pas, assure-t-on, sans exemple.

Voilà le degré d'avilissement où descend une nation déviée de la voie chrétienne.

vernement prussien est fier de faire faire à ses officiers de grands progrès dans cette science.

L'Allemagne est fertile en sciences de cette valeur; le protestantisme, qui dans l'origine s'est montré une incrédulité religieuse limitée, a préparé et fondé l'incrédulité religieuse la plus complète. C'est par l'irréligion que les philosophes les plus célèbres de l'Allemagne se sont acquis leur célébrité. Frédéric II était franchement incrédule et favorisait l'impiété. Grâce à une protection constante, les professeurs des Universités allemandes ont formé la jeunesse à l'école de leurs princes; en renonçant à lui enseigner l'amour du prochain, enseignement relégué au nombre des préjugés religieux, ils ont exalté chez la jeunesse la domination du prochain, empruntée au droit romain; et ils en ont indiqué le mode d'exécution dans l'affiliation aux sociétés secrètes.

Le souverain actuel de la Prusse était, avant son avénement au trône, tenu loin des affaires publiques par son prédécesseur, qui le jugeait homme dangereux. Il n'apporte pas dans l'impiété la franchise de Frédéric II, il a réglé son langage au diapason de l'hypocrisie, il fait souvent dans ses actes revenir le nom de Dieu, bien que ses actes ne soient le plus souvent d'accord qu'avec le diable. Il a fondé son entreprise de domination sur le concours des sociétés secrètes; c'est par la complicité de celles de ces sociétés qui sont établies dans les anciens Etats de la confédération germanique, qu'il a subjugué ces Etats. C'est grâce aux sociétés secrètes de l'Autriche, que lorsque cette puissance a été frappée à Sadowa, le conseil municipal de Vienne s'est prononcé contre la prolongation de la résistance. Les renouvellements d'efforts dans l'histoire militaire de l'Autriche avaient été toujours persistants, glorieux et souvent même décisifs en sa faveur.

Napoléon III s'est montré favorable aux empiètements de la Prusse, empiètements que dans un discours adressé aux Chambres législatives il qualifiait de rectification des frontières. Pour prix de ce service, le roi de Prusse avait dès lors arrêté une guerre à outrance contre la France, et la chose était assez notoire pour qu'en 1867, l'historien Mommsen, en embrassant l'ensemble de Paris de la hauteur du Trocadéro, ne craignît pas d'annoncer à l'avance, le ravage des bouches à feu des Prussiens sur les monuments de la capitale.

L'affront fait à la France en 1870 a été froidement calculé par nos ennemis, de manière qu'au moment où ils venaient d'achever leurs préparatifs, le conflit fût pour nous inévitable.

A diverses reprises, il est vrai, par exemple sous le

premier Empire, la nation française aussi a fait des guerres de conquêtes; mais alors, elle y était constamment entraînée par ses souverains, constamment aussi elle a lutté contre cet entraînement, parce qu'elle a conservé l'esprit chrétien. Malheureusement au contraire, la nation prussienne agit encore sous le souffle irréligieux de Luther, souffle entretenu, déguisé, mais non changé par les professeurs d'irréligion des Universités allemandes.

En résumé, la Prusse en 1870, a continué vis-à-vis de la France l'entreprise de domination que depuis 130 ans elle poursuit contre la vieille société chrétienne; elle renouvelle du paganisme la pratique du principe immoral de la domination; elle poursuit son but avec les immoraux moyens du paganisme, tandis que la France, surprise par une injuste agression, ne combat que pour la seule défense de son indépendance.

LES FAUX-SAGES.

Depuis les désastres de la guerre actuelle, les partis politiques se sont fait de la responsabilité de ces désastres, une arme au service de leurs passions. Ces partis ont proclamé que l'Empereur a fait la guerre dans un intérêt dynastique contraire à l'intérêt national. Ces partis, en parlant ainsi, montrent qu'ils sont, concernant l'origine de cette guerre, au même degré d'ignorance que M. Jules Favre avant sa visite au quartier-général prussien. M. Jules Favre et consorts ont constamment refusé au gouvernement impérial les voies et moyens pour le soutien de notre état militaire. La vérité prouvée par mille documents, et que la secte révolutionnaire ne peut récuser, c'est que la guerre de 1870 avait été dès longtemps résolue par notre ennemi dans des sentiments implacables, qu'elle avait été froidement et traîtreusement préparée par des espions et peut-être par des subsides aux révolutionnaires, et que tout à coup les dispositions hostiles de la Prusse ont été effrontément démasquées.

La guerre était devenue fatalement inévitable; et cette nécessité préexistante enlève toute base sérieuse à la supposition d'un intérêt dynastique opposé à l'intérêt national. Voilà la simple vérité.

Quelques aristarques attachent une grande importance à ce qu'un délai de déclaration de guerre, en permettant d'achever l'organisation de la garde mobile, eût apporté à la défense un appoint de forces matérielles. Cet appoint eût été utile sans contredit, mais les militaires pensaient cet appoint de peu d'importance, et l'expérience a confirmé leur opinion; ce délai de déclaration eût, au point de vue moral, vraisemblement énervé la défense. Le gouvernement et les chambres venaient de donner à la question de défense une solution par la loi de 1868, loi remaniée par des avocats, et par là affaiblie, mais comme M. le maréchal Niel avait adhéré à ces remaniements, le dernier mot sur la défense semblait avoir été dit.

Nous avons personnellement, en 1868, dénoncé l'insuffisance de cette loi, et au froid accueil fait par le public à nos prévisions, nous restons convaincus que le coup de foudre de nos désastres militaires pouvait seul ouvrir les yeux des Français sur leur imprévoyance militaire. L'aveuglement sur ce point ayant été général, on est injuste quand on impute une responsabilité exclusive de nos malheurs soit à l'Empereur, soit au Corps législatif. Les personnes qui connaissent le moins la question sont celles qui s'imaginaient que nous pouvions nous soustraire à une guerre fermement résolue par notre ennemi. Les personnes qui réclamaient l'affaiblissement de notre état militaire, ne sont que de Faux-Sages.

Écartons les rancunes qui nous divisent et les récriminations irritantes par leur injustice; recherchons l'emploi le plus utile que nous eussions déjà pu faire de nos forces primitives, et le meilleur parti à prendre par suite du peu de ressources qui nous reste.

Toutefois, avant de chercher ce que doit être notre rôle vis-à-vis de l'ennemi, nous chercherons à nous connaître nous-mêmes en signalant nos points faibles.

ÉPIDÉMIE D'ESPRIT RÉVOLUTIONNAIRE.

Depuis longues années, le gouvernement impérial avait, dans les journaux et dans les élections, stupidement proscrit toute honnête liberté, il avait supprimé le journal *l'Univers*, il avait dénoncé comme suspects les sociétaires de Saint-Vincent-de-Paul, il avait combattu à outrance les candidatures des députés qui avaient voté en faveur de l'indépendance temporelle du pape, indépendance traditionnelle dans le cœur des Français depuis le temps de Charlemagne. Puis tout à coup le gouvernement impérial a follement ouvert aux écrivains et aux clubistes toutes les écluses du dévergondage de la haine ; il espérait aveuglément, en faveur de sa popularité, dans la licence accordée à ses plus impudents ennemis, une compensation à l'odieux de sa tyrannie gratuite contre des hommes qui lui apportaient un loyal appui.

Sous les coups du dévergondage de la haine, l'opinion flottante qui s'est toujours prostituée aux audacieux, et qui toujours se prostituera de même, l'opi-

nion, dis-je, s'est rapidement pervertie. Parmi les ra-
vages de cette perversion, un symptôme nous a particulièrement effrayé, c'est celui-ci : Des hommes qui
jusque-là ne s'étaient nullement montrés dangereux à
la tranquillité publique se sont ostensiblement déclarés
irréconciliables avec la dynastie régnante. Cette dynastie avait été constituée par des majorités très-déci-
sives, manifestées par des plébiscites régulièrement
provoqués, contradictoirement dépouillés et absolument incontestés. La base fondamentale de toutes les
constitutions modernes, c'est la soumission aux votes
de la majorité. Tout citoyen en se déclarant irrécon-
ciliable avec l'élu de la volonté de la majorité, est un
anarchiste, il est coupable du crime de lèse-majesté
nationale, il se constitue en état d'hostilité flagrante
aves l'ordre public. L'aveu de cette hostilité contre le
gouvernement avait jusque-là fait frapper leurs auteurs
de l'interdiction comme fous, ou bien de la prison, ou
même de la mort. Mais les organes de l'opinion éman-
cipée ne reconnaissent plus ni foi, ni loi ; ils ont fait
tolérer ces audacieux, et parmi ces audacieux et à
l'imitation des Budaille, se prononçaient en foule de
prétendus partisans du régime parlementaire, qui ne
reconnaissaient de parlementaire que ce qui favorisait
leur rancune, et de prétendus partisans de la légitimité
qui ne voyaient de légitime que ce qui ne faisait pas
obstacle à leur haineuse passion.

Bientôt les audacieux ont passé des hostilités écrites aux hostilités de vive force ; ils ont dispersé le Corps législatif.

Le gouverneur de Paris, M. le général Trochu avait le devoir de mettre les mutins au violon, au besoin de les faire passer par les armes ; il en avait la facilité ; mais il avait été atteint de l'épidémie morale ; il a trahi le gouvernement qui avait eu confiance dans sa loyauté militaire ; et, comme les prétoriens romains de l'époque de la décadence, il a dirigé contre le gouvernement les forces qu'il avait reçues pour défendre le gouvernement, il s'est mis à la tête des chefs élus par les clubistes Bellevillois.

Si notre infortuné pays est condamné à subir une période honteuse de trahisons militaires, c'est de la catastrophe du 4 septembre que l'ère en datera.

On a attribué à M. le général Trochu une illusion, celle de gouverner par l'ascendant moral. Mais un prétorien n'a point d'ascendant moral : le public peut simplement garder comme pis-aller un prétorien plutôt que de choisir un nouveau prétorien. C'est ainsi que, lorsque M. le général Trochu s'est abaissé à l'humiliante épreuve de se faire peser dans la balance du suffrage, comparativement avec un échappé de prison, le nommé Blanqui, le suffrage s'est déclaré en faveur de M. le général ; mais cette préférence peu glorieuse ne prouve nullement qu'il possède d'ascendant moral.

La secte révolutionnaire a régné à Paris pendant le siége avec la plus grande licence : elle a régné sous la direction de M. J. Simon, le professeur d'irréligion, avec la permission tacite de M. le général Trochu. Les agents de la secte n'ont pas craint de s'attaquer à nos jeunes défenseurs du pays agonisant sur un lit de mort : devant eux, ils ont poussé les prêtres par les épaules hors des ambulances, et leur ont notifié dérisoirement que pour les admettre, ils attendaient la sommation de malades, intimidés par ces violences, affaiblis par leurs douleurs physiques.

Ces agents s'en sont pris aussi aux cadavres de ces malheureux : ils les ont parfois escamotés pour les soustraire aux prières de leurs amis et du clergé.

M. J. Simon a entrepris comme grande œuvre de s'attaquer à la jeunesse. A l'aide de l'argent prélevé sur les familles, il a osé élever les enfants contre le vœu des familles, et travailler à faire pourrir l'avenir dans son germe. Si M. J. Simon continuait quelques années d'exercer son influence, des filles, il ferait des catins, et aux fils il donnerait cette dose de science et cette absence de moralité qui ont fait l'assassin Tropmann. M. J. Simon a été la personnification au pouvoir, de la secte qui est la gangrène sénile de la société moderne. Quelques publicistes se sont élevés avec

courage contre ces saturnales de l'esprit révolutionnaire; mais, nous le constatons avec douleur, ils n'ont
été ni les plus nombreux ni les plus recherchés. Les
Français éprouvent, nous l'espérons, un grand dégoût
à l'égard de la secte révolutionnaire; mais ils sont
souvent ses dupes, et souvent ils sont fascinés par
elle.

Par l'influence de la secte révolutionnaire, pendant
la critique période de guerre que nous traversons, la
confiance morale du pays dans ses défenseurs s'est
profondément altérée.

ÉPIDÉMIE D'INDISCIPLINE.

Les revers militaires affaiblissent la confiance des
soldats dans leurs chefs; le gouvernement qui saisis-
sait le pouvoir après nos revers avait pour premier
devoir de raffermir la discipline; il s'y est pris de la
manière suivante :

Depuis le 4 septembre, les auteurs d'un guet-apens
dirigé contre M. le général Ambert ont fait publique-
ment subir à cet officier général les affronts les plus
humiliants. Le chef du gouvernement a carrément
sanctionné ces affronts. Tous les militaires ont été

profondément affligés du peu de souci que M. le général Trochu fait de l'honneur d'un chef de l'armée.

Depuis le 4 septembre, M. le général Trochu a,
dans la garde mobile, fait remplacer les officiers
nommés hiérarchiquement, par des officiers nommés à
l'élection par leurs subordonnés, et les officiers
nommés à l'élection n'ont aucune action disciplinaire
sur leurs subordonnés. Carnot, dans les guerres de la
première République, a fait remplacer par voie hiérarchique 22,000 officiers nommés à l'élection, et il a
ramené la victoire sous nos drapeaux. M. le général
Trochu a constamment subi des revers.

Depuis nos désastres, on devait remettre en valeur
le soldat par une forte discipline ; M. le général Trochu a constamment entravé l'action de la justice militaire en empêchant d'exécuter les plus importants de
ses arrêts : il assurait dans les prisons aux insubor-
donnés, aux fuyards et aux espions, un abri, un bon
régime et la sécurité ; aux bons soldats il réservait les
privations, les souffrances et les dangers. M. le général
Trochu par son imprévoyance, a achevé de ruiner la
discipline et il a contribué à l'affaiblissement des forces
qui lui étaient confiées.

Sa conduite a son explication naturelle dans son in-
tronisation au pouvoir : Les membres du gouvernement, et tout particulièrement son chef, ont tous par

leur participation à l'attentat du 4 septembre, mérité la peine capitale. Ils n'ont échappé à la vindicte publique qu'en suspendant l'action de la justice. Tant que nous subirons un gouvernement révolutionnaire, l'action de la justice restera suspendue : par suite de cette suspension, le rétablissement de la discipline sera impossible ; et dans les circonstances même les plus favorables contre les armées allemandes, nous conserverons vis-à-vis d'elles par l'absence de discipline une infériorité fatale.

Voilà le fléau que les gouvernements révolutionnaires infligent à leur malheureuse patrie, quand ils l'asservissent.

ÉPIDÉMIE DE DÉNIGREMENT.

La discipline est un devoir qui n'est pas exclusivement un devoir du soldat sous les armes, elle est aussi un devoir du simple citoyen, elle porte alors le nom de respect pour le pouvoir. La loi qui l'impose est résumée dans ces simples paroles du Christ : *Rendez à César ce qui est à César.*

En France, le manque de respect pour le pouvoir n'a déjà été que trop souvent une maladie endémique, aujourd'hui ce mal sévit avec une violence dont voici l'indice. Au moment de la rupture des écluses de la presse, un nommé Rochefort a publié un journal intitulé *la Lanterne*, qui est le dernier degré de l'injustice et de l'impudence. La répulsion causée alors par cette publication était telle que, lorsque ce misérable écrivain fut nommé au Corps législatif, tous ses collègues lui tournèrent le dos avec des marques non équivoques d'un profond mépris. Les Faux-Sages disaient alors que les excès de la presse sont un remède homœopatique, que leur action délétère est compensée par une réaction suffisamment salutaire. Tout le contraire de ce qu'avaient annoncé les Faux-Sages est arrivé, tout le monde généralement s'est mis au diapason du nommé Rochefort, on dénature toutes les intentions. L'Empereur va-t-il partager à l'armée les dangers du soldat, on le lui impute à crime. Envoie-t-il son fils unique recevoir le baptême du feu, on y voit une comédie. Abdique-t-il la direction des armées dans laquelle il a été malheureux, on le traite de crétin. Partage-t-il la captivité de ses compagnons d'armes, on ne tient pas compte des nécessités de la guerre, et on le traite de lâche. Est-il soumis à des infirmités, on l'outrage en termes de mauvais lieux, on l'appelle ramolli, gâteux, pourri ; et on étend cette insulte aux personnes de sa suite, on dit que son entourage est corrompu.

Je ne retrace pas là des propos d'estaminet et de table d'hôte, je suis un fidèle écho des classes dites éclairées, des lettrés, et de quelques officiers même dans les hauts grades; et tel qui aurait été très-flatté non-seulement d'être admis dans cet entourage soi-disant corrompu, voire seulement d'y trouver un familier, est un aristarque donnant au régime déchu le coup de pied de l'âne.

Nos officiers de tout grade, qui ont laissé tant de victimes sous le feu de l'ennemi, ne sont pas plus épargnés par les insulteurs.

Pendant tout le siége de Paris, les insulteurs avaient monté une scie sans paix ni trêve, répétant chaque matin à leurs lecteurs que nos braves généraux, nos braves intendants n'entendent rien à leur métier, qu'ils ne connaissent ni les mouvements tournants, ni les grand'gardes, ni les reconnaissances; que même ils manquent de dévouement, que leurs modèles sont les officiers ennemis.

Tous ces faux docteurs ès-sciences militaires, en détruisant la confiance, ont été d'efficaces auxiliaires de l'ennemi. Faisons des vœux pour que Dieu nous envoie un dictateur qui nous purge d'urgence de cette dangereuse vermine des insulteurs, pour le temps où l'ennemi occupera le sol français, et même après.

2

ERREUR MILITAIRE.

Avant de proposer un parti sur l'avenir de notre malheureuse guerre, nous avons le devoir de chercher à nous rendre compte de la période qui s'achève.

La donnée de cette période est la suivante :

Lorsque la Prusse n'était qu'une puissance de second ordre, elle n'a, pendant les 55 ans qui se sont écoulés depuis la dernière paix, éprouvé de la part de la France que de loyaux procédés. Comment imaginer que depuis que la Prusse s'est élevée au rang de puissance de premier ordre, elle aurait l'impudence de se dire inquiétée par nous pour motiver la préparation contre nous d'une guerre implacable !

Si la Prusse eût été une puissance chrétienne, notre confiance eût été fondée ; mais la Prusse est devenue une puissance païenne, notre confiance a fait notre mécompte.

La diplomatie française n'est qu'à demi-chrétienne ; elle fait consister ses exploits à l'exécrable jeu de chercher noise à la papauté : aussi a-t-elle manqué du sens moral nécessaire pour reconnaître qu'entre une puissance chrétienne et une puissance païenne, elle devait faire une distinction. Si elle n'avait pas perdu le sens moral, elle aurait infailliblement raisonné ainsi qu'il suit :

La Prusse, puissance païenne nous insulte; donc elle a préparé un guet-apens. — La Prusse a préparé un guet-apens; donc elle a la faculté d'opposer à un combattant français trois combattants allemands. — Ces prémisses contenaient comme conclusion le mode de guerre à adopter.

Dans notre état d'infériorité numérique, annoncée du reste par nos attachés militaires, nous ne devions pas exposer notre armée en rase campagne, nous devions approvisionner en munitions de guerre et de bouche Strasbourg, Metz et Paris, nous devions y abriter nos soldats, nous devions user l'armée prussienne contre nos positions défensives.

Or l'événement a prouvé que, malgré nos désastres en rase campagne, l'armée prussienne n'a pas fait une brèche à nos remparts. On est en droit de conclure que sans nos désastres, ils ne seraient pas sous ce rapport plus avancés, et qu'avec quelques milliers de sacs de farine, nos boulevards tiendraient encore.

Le gouvernement usurpateur du 4 septembre, loin de profiter de l'expérience de la veille, a poussé notre arrière-ban de province à une véritable boucherie. Aujourd'hui, sous la pression de la terreur, il s'est jeté aux genoux du vainqueur pour obtenir de lui un armistice qui lui permette de solliciter qu'une Assemblée élue sous la pression de cette terreur, délibère sous la pression de cette terreur, sur la rançon de la France.

Voilà notre position.

En regard de notre pitoyable position, nous allons envisager la position de l'ennemi.

Le nouvel empire d'Allemagne a été fondé partie par les armes, partie avec la complicité, chez les nations subjuguées, des professeurs d'irréligion, et avec celle des étudiants affiliés aux sociétés secrètes.

Ces professeurs, dans leurs discours d'apparat, dissimulent l'asservissement de leurs patries en célébrant la grande unité allemande, les étudiants trinquent bruyamment à cette unité dans les brasseries ; mais les Prussiens, par leur insolence, froissent la fierté de leurs alliés ; par leur rapacité, ils blessent leurs intérêts ; par la longueur des prises d'arme, ils laissent les campagnes sans culture ; par la suspension des affaires, ils ruinent le commerce et l'industrie. Leurs alliés sont loin de trouver une compensation de ces maux dans les phrases ronflantes de professeurs sans considération, et dans les toasts imbéciles d'étudiants sans consistance. La partie saine des nations subjuguées ne supporte qu'en frémissant le joug prussien. Nous avons vu dans nos ambulances les jeunes blessés de ces nations dire avec colère : « Caput Bismark ; » dans plusieurs cantonnements, des officiers bavarois et autres, même de grades élevés, ont exprimé leur indignation du rôle à l'égard de la France, que leur impose la tyrannie prussienne. En un mot, la ligue allemande n'est maintenue que par la force.

Cette nécessité de la force ne permet à la prépondérance prussienne de se maintenir qu'à la condition du succès. Cette position des Prussiens est celle de tous les conquérants, celle par exemple de Napoléon Ier, lorsqu'il entrait en Russie avec les soldats de tout le reste de l'Europe. Un revers a suffi pour faire tourner contre l'armée de Napoléon les auxiliaires sur lesquels il s'appuyait.

Nous avions un puissant intérêt à ne faciliter à notre ennemi aucun succès, nous avons fait le contraire.

Malgré l'infériorité numérique de nos armées, nous les avons englouties dans le guet-apens prussien.

Par l'insuffisance des approvisionnements de bouche de nos places fortes, nous leur avons enlevé une partie de leur valeur.

Bien que nos réserves de province fussent sans maturité, nous les avons fait exterminer par des armées aguerries et victorieuses.

Par nos fautes, nous avons secondé à souhait les

intérêts prussiens, et vis-à-vis leurs alliés, nous avons justifié notre ennemi du reproche de témérité.

Mais si nous avions placé nos armées dans des positions défensives en les appuyant sur des places bien approvisionnées, l'armée ennemie n'eût eu pour s'entretenir que le ravage des campagnes et les rançons des villes ouvertes. Ce genre de ressources s'épuise promptement, les nombreuses armées ennemies n'auraient pu s'alimenter par la seule occupation du sol français, elles eussent été obligées de faire venir des pays annexés à la Prusse de nouveaux subsides en argent et en nature, et elles auraient excité dans ces pays où la vie civile est en quelque sorte suspendue pendant la guerre, une violente réaction. D'autre part, l'éloignement de la perspective d'un prochain succès en France eût jeté le découragement parmi les occupants. Aussi n'est-il pas sans vraisemblance qu'à l'heure qu'il est, l'armée d'invasion eût déjà repassé le Rhin, emportant avec elle le germe de la dissolution du nouvel empire d'Allemagne.

Voilà comment l'inintelligence des intérêts religieux de la France a amené l'inintelligence de ses intérêts militaires.

L'examen du passé doit nous guider dans le choix de l'attitude à prendre dans l'avenir.

ILLUSION POLITIQUE.

Si j'étais chargé de traiter pour le compte de la France et que je fusse assez heureux pour obtenir une vraie paix au prix de vingt ou trente milliards; je dirais à la France : donnez, donnez vite, donnez sans marchander tous ces milliards. Vous avez, pour refaire vos épargnes, du courage et des bras; avec le bienfait de la paix, la besogne sera facile. Ce qu'on vous demande est d'un prix bien inférieur au prix de ce qu'on vous offre. Faites à la fois l'affaire de votre partie adverse et la vôtre; n'ayez pas un orgueil qui messied à l'infortune, soyez hommes de bonne volonté et vous aurez la paix.

Voilà le prix que j'attache à une vraie paix. Or, la nation prussienne ne possède pas la faculté de donner une vraie paix à la nation française. La nation prussienne nous faisait la guerre avant la déclaration de guerre, elle continuera de nous faire la guerre après avoir signé une promesse de paix. La nation prussienne ne s'appartient pas, elle est sous la puissance de la race impie et sanguinaire de Frédéric II, race sans foi, race de bêtes fauves, race dont les membres, jusqu'à ce qu'ils crèvent dans leur bouge, sont hostiles à leur prochain. D'ailleurs les faux-sages, acheteurs de la paix, répètent à qui veut l'entendre qu'ils ne désirent obtenir, sous le nom de paix, qu'une trêve pendant laquelle ils projettent de se refaire, jusqu'au moment opportun où ils se rebattront; ils veulent une revanche, une vengeance, et non une vraie paix.

Ces faux-sages ne s'aperçoivent pas qu'ils abdiquent, en agissant ainsi, la supériorité morale des peuples chrétiens, qu'ils descendent au niveau de l'abrutissement des Allemands; ils ne voient pas que l'Europe, jusqu'au moment opportun pour les Prussiens de faire une autre guerre, jouira de la tranquillité d'un bagne; que les hommes d'argent trouveront à s'enrichir, qu'un certain bien-être matériel reviendra dans les familles; que la France, dès qu'elle sera rétive, sera mise au ban de l'Europe, comme un perturbateur; que la rançon payée par elle aura consolidé le lien du faisceau de forces du nouvel empire d'Allemagne; que le prix de notre mauvaise foi de ne pas respecter les traités consentis par nous, sera un nouveau châtiment; qu'un vaincu qui a signé son esclavage rompt bien rarement sa chaîne; que nous lèguerons à nos enfants, comme la Pologne, une agonie séculaire; que bientôt les Alsaciens et les Lorrains seront forcés de se battre contre les Bretons et les Provençaux, comme les cultivateurs voisins de

Paris et de Strasbourg, ont déjà été forcés de construire des batteries de bouches à feu contre les villes refuges de leurs propres familles.

Quelle douleur pour la population française qui a eu le bonheur de vivre sous un pouvoir chrétien de se voir écrasée sous le marteau de l'impiété déguisée sous un manteau pharisien, de savoir leurs enfants sans cesse dans l'alternative de l'apostasie ou du martyre. Nos consciences chrétiennes se révoltent à l'idée d'un pareil supplice à la fois matériel et moral, infligé à perpétuité à la race française.

Voilà la paix que nous réservent les faux-sages qui ont brigué l'honneur de traiter avec les Prussiens des destinées de la France.

ENSEIGNEMENT D'EN HAUT.

La nation française est l'œuvre de l'Église. Telle est l'opinion consciencieuse de l'historien protestant Gibbon, et l'opinion de tous les hommes instruits.

La nation française ne sera sauvée que par l'Eglise. Telle est ma ferme conviction.

Un illustre prélat m'a dit :

« Si les Prussiens font des conditions inacceptables,

» les Français doivent faire ce que fait Notre Saint-
» Père au pouvoir des Piémontais : Notre Saint-Père
» souffre sans traiter; et il espère. »

Les Prussiens, nous le savons, courbés qu'ils sont sous le joug de la race païenne de Frédéric II, ont, jusqu'à un futur ordre de choses, perdu la faculté de donner à aucun peuple, une paix réelle. La solution de la crise actuelle est donc tout entière dans cet enseignement que par son exemple nous donne le premier pasteur de l'Église :

Souffrir sans traiter; et espérer.

Cette solution de la foi chrétienne est, comme tout ce qui vient de l'Eglise, justifiable par le vulgaire bon sens; mais nous éprouvons, avant d'exposer cette justification, le besoin d'écarter au préalable une objection des personnes privées des lumières de la foi chrétienne. Voici cette objection :

« A quoi bon le Pape en cette affaire ! Pour la
» défense nationale, les incrédules ne sont-ils pas tout
» aussi bons que les croyants? »

Tout le monde, il est vrai, sait que bien des incrédules et bien des protestants sont des modèles de patriotisme et d'honneur, et que bon nombre de soi-disants catholiques sont d'un patriotisme douteux et d'un honneur de bas aloi. Parmi les catholiques de la foi la plus robuste, personne n'a jamais douté qu'il n'en fût parfois ainsi.

Mais les principes de l'incrédulité ne conduisent par leur conséquence ni au patriotisme ni à l'honneur.

L'incrédulité conduit à un cosmopolitisme sans discernement, et conséquemment à un désarmement comme celui que n'a cessé de réclamer M. Jules Favre, et par suite au servilisme imposé par les brigands, qui ne désarment jamais. L'incrédulité conduit, à l'égard des coupables, à un sentimalisme niais et conséquemment conduit à l'abolition de la peine capitale et des autres garanties les plus essentielles de la société, abotion que constamment a réclamée M. Jules Simon, et par suite, conduit à l'anéantissement de la discipline militaire, conduit à l'anéantissement du respect du pouvoir, conduit à l'anéantissement du culte, et conduit à l'abandon de la société, à la merci de tous les malfaiteurs.

Pourquoi un incrédule préfèrerait-il combattre les Prussiens plutôt que les Champenois, les Bretons et les Languedociens? A son point de vue cosmopolite, le patriotisme est un préjugé, et quand les Prussiens sont les plus forts, combattre avec les Prussiens, donne de meilleures chances que combattre contre les Prussiens. Chez les incrédules le patriotisme et l'honneur sont donc des inconséquences.

Sublimes inconséquences qui constatent la victoire du sentiment de la générosité sur le sentiment de l'amour-propre; victoire qui est chez les hommes de toute croyance, l'éclatante manifestation de la conscience humaine.

Les incrédules possédant du patriotisme et de l'honneur, rappellent ce comiqne personnage, M. Jourdain, qui faisait de la prose sans le savoir; ils pratiquent, sans le savoir, les principes du catholicisme.

Nous vivons dans un temps où sous le nom menteur de tolérance, on cache un éclectisme imbécile. Les fils de protestants restent protestants, parce que leurs parents sont protestants, et ils font leurs enfants protestants, sans chercher la justification ou bien l'infirmation de leurs traditions de famille; ils font comme les moutons de Panurge qui sautent au point où le conducteur du troupeau a sauté. On prend de même rang par droit de naissance dans l'incrédulité. Les hommes d'élite parmi les incrédules se laissent aller à la sublime inconséquence de marcher avec les hommes de foi; mais la masse du vulgaire est conséquente à ses principes, elle laisse aux catholiques le monopole du patriotisme, de l'honneur et du martyre, et elle incline à un cosmopolisme commode, à l'abaissement moral et jamais au martyre.

Mais la crise actuelle nous précipite dans une ère nouvelle, dans une ère de grandes douleurs, dans une ère de profonds examens de conscience, dans une ère de solides convictions, dans une ère de martyres, dans une ère de conversions. La nation française a à se souvenir qu'elle est l'œuvre de l'Église, elle a à se convaincre qu'elle ne peut survivre que par l'Église, qu'elle ne possède plus comme voie de salut que de suivre l'exemple du chef de l'Église :

Souffrir sans traiter; et espérer.

Nous allons examiner comment elle peut souffrir sans traiter, et en quoi elle est en droit d'espérer.

SOUFFRIR SANS TRAITER.

Nous exposerons d'abord l'utilité de souffrir sans traiter.

Nous prouverons ensuite la possibilité pour la France de supporter cette épreuve.

Nous développerons enfin nos motifs d'espérance, non pas seulement de reprendre prochainement nos frontières et de recouvrer notre indépendance; mais encore d'arriver, par le concours de l'Allemagne elle-même, à anéantir la puissance de la Prusse.

Parmi nos soldats, les uns ont succombé, les autres sont prisonniers de guerre, le reste n'est ni en nombre ni en maturité pour le combat.

Ce n'est pas la première fois qu'une nation après la perte de ses armées, se sera relevée dans toute sa grandeur. La première condition pour cela, c'est la confiance en elle-même. A Rome, après une série de revers, dont le dernier était le désastre de Cannes, on mit en vente le domaine sur lequel Annibal était campé; cette vente s'effectua à un prix qui n'était pas inférieur à celui auquel elle aurait eu lieu en temps ordinaire, tant était grande la confiance des Romains dans leur patrie.

La France, malgré ses revers, a quelque raison de conserver sa confiance en elle-même. La secte révolutionnaire seule est susceptible de s'affoler de peur, et de pousser à un traité honteux.

La force d'une nation ne réside pas seulement dans ses soldats; les soldats ne sont que le bras d'une nation. La tête d'une nation se compose des pères de famille qui produisent ses ressources financières. Le cœur d'une nation se compose des mères de famille et des veuves qui, sur les ressources successives, prélèvent et accumulent l'épargne.

Bien que le bras de la France soit désarmé, la tête

est saine, le cœur est sain. Les hommes armés forment le premier rang de la défense, le premier rang est tombé; c'est au second rang, où se trouve la tête et le cœur, à soutenir le choc; c'est du second rang que nous devons attendre notre salut. La tête et le cœur disposent de l'épargne, l'épargne est le nerf de la guerre.

La seconde période de la guerre, période transitoire, s'accomplira non pas à coups de projectiles, mais à coups d'argent, comme la guerre de sécession de l'Amérique du Nord.

Les révolutionnaires ne connaissent pas la guerre à coups d'argent, ils tarissent systématiquement toutes les sources de prospérité; toujours ils ont leur caisse vide; toujours ils ont été réduits pour vivre aux moyens tyranniques; en vain les énergumènes de 1793, pour faire venir les écus à la caisse, ont imaginé de battre monnaie en employant la planche aux assignats, la confiscation des patrimoines et la guillotine; toujours ils ont abouti à la banqueroute. Pour attirer les subsides, on n'a jamais trouvé d'autre bon moyen que de satisfaire les têtes et de dilater les cœurs; les révolutionnaires ont toujours révolté les têtes, et contracté les cœurs; voilà pourquoi leur caisse est vide.

La France une fois débarrassée de l'étreinte des révolutionnaires, se retrouvera à la tête de grandes ressources financières, et en les appliquant au levier du crédit, elle disposera d'une irrésistible puissance.

La Prusse vit d'une existence qui ne tient qu'à un coup de dé, c'est-à-dire au succès. Dans la première manche de la partie qu'elle a engagée contre nous, elle a pipé les dés. Mais gare aux gendarmes ! Les prêteurs verront bien vite ce qu'on risque à se fier aux gens sans foi ni loi, et le crédit de la Prusse s'évanouira. La solidité de notre crédit met de notre côté les chances favorables de la lutte.

La Prusse est à la tête d'une coalition, œuvre de son iniquité et de ses violences; elle retient ses auxiliaires par une verge de fer qui les blesse dans leurs intérêts et dans leur honneur.

Lorsqu'elle les entraîne dans une guerre, elle leur impose une levée en masse tellement complète qu'elle suspend chez eux le travail, source des moyens financiers de soutenir une guerre, à moins que la guerre ne fournisse elle-même les ressources qui l'alimentent.

Le point faible de cette organisation militaire, c'est que si la guerre cesse un seul moment de fournir les ressources qui l'alimentent, les auxiliaires qui souffrent déjà de ce suprême sacrifice de leurs plus essentiels intérêts, ne peuvent y ajouter de nouveaux sacrifices et ne peuvent que s'exaspérer contre la puissance qui est dans la nécessité de demander de nouveaux sacrifices. La puissance qui les a subjugués arrive en même temps à bout de ressources et n'a plus la force de les contraindre à ces sacrifices nouveaux, le lien du faisceau des coalisés se brise, et le colosse aux pieds d'argile s'affaisse sur lui-même.

Voilà déjà huit mois que chez les Prussiens et chez leurs auxiliaires, la vie normale et le travail sont suspendus. Si nous trouvons le moyen de prolonger suffisamment cette suspension de travail, en retenant l'armée ennemie sur notre territoire sans lui fournir de moyens de s'alimenter, nous aurons plongé l'épée dans le défaut de la cuirasse de notre ennemi, et nous le tiendrons à notre merci au lieu d'être à la sienne.

Le moyen de pénétrer dans le défaut de la cuirasse de notre ennemi n'est pas de traiter avec lui, de lui permettre de retourner tranquillement à ses affaires en désarroi, de l'y encourager par des subsides, de lui donner la garantie de notre démembrement par le lâche abandon de plusieurs provinces. Les révolutionnaires seuls, dans leur incapacité et leur sophisme cosmopolite, sont capables d'une telle absence de patriotisme.

Voici le développement de nos moyens de résistance passive.

Pour empêcher que les nations ennemies ne se retirent chargées de nos dépouilles, et satisfaites d'aller vaquer à leurs intérêts en souffrance depuis près de huit mois, notre devoir est de retenir l'armée sur notre territoire en ne traitant pas.

Pour obliger l'ennemi à recourir à l'appel de nouveaux subsides de l'Allemagne, notre devoir est de tout détruire autour de son armée.

Pour limiter la partie de notre territoire vouée par nous à la destruction, notre devoir est, dans toute direction que l'ennemi tentera de prendre, de détruire absolument toutes les voies de communication : canaux, chemins de fer, rivières canalisées, grandes routes, routes ordinaires de tout classement, et de rendre cette destruction assez profonde pour être absolument irréparable par une troupe de passage.

Pour obliger l'ennemi à une guerre presque séculaire, s'il avait prétention de se rendre maître du territoire ;

Rendre plus complète la sûreté de nos places maritimes qui ont déjà été fortifiées plutôt du côté de la mer que du côté de la terre ; à cet effet, ériger des forts détachés ;

Construire un grand nombre de nouvelles places de sûreté. Cette construction peut être entreprise à la fois sur tous les points de la France ; cette construction peut être empêchée sur quelques points pendant quelques instants par le passage de l'armée d'invasion, mais de même que les défenseurs de Sébastopol ont érigé une partie de leurs défenses sous le feu de nos canons, à plus forte raison pouvons-nous continuer les travaux jusqu'au moment de l'arrivée des Prussiens, et les reprendre immédiatement après leur départ, et comme dans notre grande France, l'ennemi ne peut être à la fois partout, que les vieillards, les femmes et les enfants peuvent prendre leur part de cette tâche patriotique, nos principaux centres de population arriveront promptement à se couvrir des insultes de l'armée d'invasion.

Carnot, savant maître en fortification comme en organisation d'armée, a imaginé un système de places fortes caractérisé par le profil de rempart dont voici un exemple : Fossé en terre de 10 mètres de profondeur par exemple ; fond de fossé de 2 à 3 mètres ; sur ce fond, simple mur de 6 mètres de haut. La crête de ce mur ne s'élevant qu'à un niveau inférieur de 4 mètres au niveau du terrain environnant ne peut être atteinte que par des projectiles plongeants et par suite lancés à l'aveugle, et dont on peut réparer les effets destructifs avec une rapidité suffisante pour maintenir en bon état ce mur infranchissable de vive force. L'ennemi ne peut franchir cet obstacle qu'en y arrivant par cheminement comme dans les places les mieux fortifiées. Une ville ouverte peut improviser des fortifications de cette nature. Si la ville de Rouen se fût couverte par une semblable enceinte, elle n'eût pas employé à ce travail le montant de la rançon que l'ennemi a exigé de cette ville.

La nation espagnole en 1808, la nation russe en 1812 ont montré l'énergie que nous demandons à la France; elles ont ainsi conquis par la souffrance, la liberté, et elles ont été les libératrices de l'Europe. La France recevra la même récompense.

Pour donner quelques idées précises des obstacles au milieu desquels se trouverait l'ennemi par suite du développement de ces moyens de simple résistance passive, nous allons entrer dans quelques détails. Le lecteur pourra leur accorder d'autant plus de confiance que nous ne sommes ni avocat, ni journaliste, ni candidat dans aucune espèce d'élection, qu'il y a 45 ans que nous avons été reçu officier du génie militaire, et que nous avons 32 ans d'activité dans les divers emplois de l'intendance militaire.

Nos gardes nationales mobiles, au lieu d'être sacrifiées sous le canon des Prussiens, comme elles l'ont été jusqu'à présent, pourront en quelques jours et sans danger, amener nos voies de communication à un état de destruction tel, que lorsqu'une armée s'avancera avec le seul matériel roulant qu'on nomme artillerie de campagne, cette armée ne pourra se porter en avant, en un jour, de plus d'une lieue en moyenne.

Rappelons aussi que le siége de Paris a été résolu par les Prussiens avant le mois de septembre et bien que les voies de communication eussent été en grande partie conservées entre la frontière et Paris, ce n'est que le 5 janvier, c'est-à-dire plus de quatre mois après le commencement d'exécution de cette mesure, que le premier coup de canon de gros calibre a été tiré contre Paris. Si les voies de communication entre la frontière et Paris avaient été détruites, le transport du matériel de siége, au lieu de durer quatre mois, aurait duré plus de quatre ans.

Ainsi, avec la double autorité sur la matière que me donne ma qualité d'ingénieur militaire et ma qualité d'administrateur militaire, j'affirme, sans craindre le démenti d'aucun homme compétent, qu'avec de simples moyens de résistance passive, la France peut être rendue impénétrable par une armée partout où elle n'a pas encore pénétré, et qu'elle peut être rendue intenable par l'ennemi là où elle est déjà occupée.

Si les travaux de résistance passive s'étaient un peu rondement menés, je ne regarderais pas comme improbable que l'armée ennemie fût obligée de laisser en France la plus grande partie de son matériel.

L'armée allemande aura la faculté en quelques heures de détruire des plantations qui auront coûté des années; d'incendier des maisons représentant bien des épargnes; de saccager des établissements industriels, fruits d'un patient travail; mais quelque grands qu'on suppose ces désastres, ils atteindront à peine une faible partie de la rançon qu'ils espèrent se partager.

Nos magistrats auront à imiter la fermeté des sénateurs romains du temps de Camille, subissant dans leurs chaises curules les outrages et la mort de la part des soldats barbares. Ils ont mieux encore à imiter, c'est la douce fermeté du Saint-Père répondant à ses ennemis qui lui ont proposé cent fois un pacte honteux : « *Non possumus.* » Nos magistrats trouveront, eux aussi, *impossible* de prolonger le martyre de la patrie en soutenant, soit en argent, soit en nature, l'armée qui veut asservir notre pays.

La carte à payer des frais de la défense du pays sera assurément très-importante. On devra considérer comme dépenses d'intérêt général la valeur des denrées détruites, la restauration des voies de communication qui auront été rendues impraticables, l'érection des fortifications; ce ne sont là que les frais de résistance passive auxquels devront être ajoutés les frais de recrutement, d'armement et d'équipement d'une nouvelle armée, la construction des engins de défense et les frais d'approvisionnements de guerre et de bouches nécessaires pour réparer les consommations extraordinaires et les destructions opérées sur le théâtre de la guerre.

Mais plaie d'argent n'est pas mortelle. La tête et le cœur de la France ne marchanderont pas cette noble rançon, moins onéreuse du reste, même matériellement, que la honteuse rançon que la secte révolutionnaire ose nous proposer de payer pour fortifier notre ennemi.

ESPÉRER.

Notre seule inertie suffit pour user l'armée ennemie : mais on peut contribuer à ce résultat par les mesures suivantes :

Placer nos troupes dans les places de sûreté ;

Construire dans nos places maritimes tous les engins de guerre perdus dans nos désastres, bouches à feu, armes portatives, poudres, attelages ;

Accumuler dans les places maritimes une immense quantité de munitions de bouche nécessaires à l'approvisionnement des nouvelles places de sûreté, et à prévenir dans les campagnes la disette que tendent à causer les consommations extraordinaires des armées étrangères, les destructions faites par nos propres mains des denrées à soustraire à l'ennemi, enfin la suspension forcée des cultures sur bien des points du sol du pays ;

A mesure que les remparts s'achèveront, nous dirigerons des places maritimes dans les nouvelles places de sûreté, les engins de défense des places et les munitions de guerre et de bouche. Les Prussiens ont eu besoin de plus de quatre mois, pour faire tirer contre Paris leurs batteries de siége, et ils n'ont pas fait une seule brèche ; on voit que la construction simultanée de places nouvelles, leur ôtera l'espoir de poursuivre contre elles une suite de siéges réguliers ; ils auraient besoin d'une vingtaine d'années d'efforts soutenus pour une telle tâche, et ils en sont incapables.

Les pays étrangers peuvent fournir un recrutement en quelque sorte indéfini : c'est par ce moyen que, dans la guerre de la sécession américaine en 1862, les États du Nord ont subjugué les États du Sud.

Nous proposons provisoirement le tarif de primes suivantes :

Par soldat. . . . . 1,000 fr.

Par sous-officier, en moyenne. . 1,500

Par officier, de sous-lieutenant à

    capitaine, en moyenne. . . . 2,500

Par officier supérieur, en moyenne. 4,500

Par officier général, en moyenne. 10,000

On arriverait, au besoin, avec quelques milliards, à un effectif s'élevant à un million d'hommes ou davantage, et pourvu de l'armement portatif et de l'armement roulant le plus perfectionnné.

On voit par ce tarif de recrutement que nous n'entendons pas réserver les grades supérieurs aux seuls officiers français. Cette mesure a pour but de conserver pratiquement à notre défense, le caractère d'intérêt général qu'en réalité elle possède déjà moralement.

On nous a objecté que le plus grand nombre des puissances s'opposerait à notre recrutement. Or, ces puissances ne se sont pas opposées aux envois d'armes, et cette opposition était praticable ; elles n'entreprendront pas, ou elles entreprendront vainement de s'opposer à des engagements militaires, sorte de contrat qui peut échapper à toute mesure prohibitive. D'ailleurs la guerre de la sécession d'Amérique prouve d'une manière incontestable la facilité de pratiquer ce mode de recrutement.

Lorsque nos armées nouvelles auront acquis une

hauteur d'effectif et une maturité suffisantes, elles pourront servir non-seulement au prompt affranchissement du sol de la France, elles pourront. servir encore à porter dans le Hanovre, dans le duché de Posen, et partout où besoin sera, des troupes qui serviront d'appui aux insurrections locales; ces troupes, composées déjà en partie de soldats de ces diverses nationalités, donneront à ces diversions une solidité irrésistible. Un homme politique consistera à donner, à grade égal, le commandement à l'officier de la nation chez laquelle nous guerroyerons.

Un point à ne pas négliger, c'est de porter dans l'armée prussienne l'inquiétude de la désorganisation.

Si on accorde à nos nationaux une prime de 1,000 fr. par tête d'ennemi ou de cheval vivant ou mort, les paysans se couvriront fructueusement de la perte des récoltes et des bestiaux, et on affaiblira considérablement et rapidement les effectifs des armées envahissantes.

En accordant aux déserteurs une prime de 100 fr., on fera se débander une foule de petits détachements; et on devra porter cette prime à 1,000 fr. pour les déserteurs qui seraient reçus dans les rangs de notre armée par leurs compatriotes. Ainsi, à une ligue allemande formée par la force, nous opposerons une ligue universelle, dont les Allemands ne seront pas exclus, formée par des engagements volontaires. Nous appuierons promptement le droit par la force.

LÉGALITÉ.

Nous écrivons ces lignes en l'an 90 de l'ère de la première République française, non immortelle, puisque deux fois déjà elle a été enterrée, et que je la crois très-près de son troisième enterrement; mais malheureusement la secte révolutionnaire n'est jamais morte, et, sauf de courts répits de compression, elle nous a valu beaucoup de troubles moraux, beaucoup d'impiété, beaucoup de ruines et une grande effusion de sang humain.

La secte révolutionnaire couronne aujourd'hui son œuvre; elle nous vaut l'offre à la Prusse de notre servitude, accompagnée de milliards puisés dans nos escarcelles.

Si on disait au peuple français : « Voici un gouvernement qui livre à l'ennemi vos épargnes et votre indépendance, renversez-le illégalement pour créer un gouvernement qui emploiera vos épargnes à reconquérir votre indépendance. » Le choix du peuple serait peu douteux, mais le procédé serait révolutionnaire : il ne sera jamais le nôtre. Je crois d'ailleurs qu'il n'est jamais indispensable d'atteindre un but désirable par un moyen malhonnête; mille autres moyens honnêtes conduisent à des buts désirables.

La France, qui depuis 90 ans est le jouet des passions subversives, soupire après le règne de Dieu. Dieu a dit : « Rendez à César ce qui est à César. » La France a soif d'ordre, elle appelle celui qui satisfera son noble et impérieux besoin de légalité.

Nous étions le 3 septembre dernier en possession d'un Corps législatif légalement élu. Des polissons sortis des clubs de Belleville ont dissipé cette représentation nationale. Un général, qui avait pour mission de la protéger et de la rétablir, a trahi sa consigne militaire. Je proteste que cette dissolution est illégale; mais ce général, tout dépourvu qu'il était de courage civique contre des émeutiers, se battait noblement pour nous défendre contre les Prussiens; tout homme faisant face à l'ennemi est un point de ralliement, chacun a refoulé dans son cœur le mépris de la trahison, et s'est placé sous les ordres de celui qui les guidait au feu comme un héros.

Bientôt, par suite de revers de la fortune des armes, le général s'est constitué prisonnier de guerre, et c'est dans cette position qu'il s'est entendu avec la clique révolutionnaire, dont il a accepté la présidence, et avec l'ennemi pour faire élire sous la terreur des Prussiens, une Assemblée nationale. Je suppose que cette assemblée consente à livrer aux Prussiens nos épargnes et que, sinon dans son intention, au moins de fait, elle livre l'indépendance du pays.

Je crois que le général et la clique révolutionnaire ne sont pas en droit de réclamer notre assistance pour de telles concessions.

Je suppose que sur un des points de la France non territorisé par la présence de l'ennemi, le commandant d'une force armée, répudie la trahison du 4 septembre, convoque le Corps législatif, lui assure sa protection, se soumette à son contrôle, et obtienne de lui l'autorisation d'employer les épargnes de la France à la défense de son indépendance. Chaque Français aurait à faire dans sa conscience un choix entre le Corps législatif soutenant le drapeau français et l'Assemblée affolée de terreur abaissant le drapeau français; il aurait à donner à l'un son impôt, et à le refuser à l'autre.

Je ne suis ni un casuiste ni un légiste, je ne connais que mon catéchisme et mon règlement militaire, mais j'avoue humblement que je n'éprouverais pas d'hésitation.

Combien notre France est malheureuse que ses

enfants puissent être amenés par la secte révolutionnaire à opter entre le joug étranger, et la guerre civile !

Nos revers sont dus en partie à l'indiscipline de nos
troupes et cette indiscipline s'explique : Un gouvernement issu d'une sédition et d'une trahison militaire a
un compte à régler avec la justice, aussi a-t-il peur de
soulever le glaive de la justice que Dieu a donné aux
chefs des nations pour le châtiment des coupables.
Sans la sanction pénale, plus de respect de l'autorité,
plus de paix intérieure, plus de discipline, plus de
fierté vis-à-vis de l'ennemi. Voilà la plaie de ce gouvernement qui a eu l'impudence de s'attribuer le
monopole de la défense nationale, et qui propose de
nous mener à la déchéance nationale, si nous le suivons
jusqu'au bout de sa démence.

GOUVERNEMENT DE LA NATION
PAR ELLE-MÊME.

Au moment où l'ennemi venait d'envahir en forces
supérieures le sol de la patrie, au moment où le
besoin le plus impérieux des Français était l'union,
les partis avaient le devoir de faire trêve à leurs
rancunes. A cette heure critique, tous les pouvoirs de

l'Etat ont été renversés, la représentation nationale a été violée et dispersée, le général préposé à la répression du désordre a sanctionné le désordre par le poids de son épée. L'exécrable secte révolutionnaire a ainsi affaibli la France, plus que ne l'aurait fait la Prusse par diverses victoires en bataille rangée.

Aujourd'hui, après six mois de revers de plus en plus désastreux, nous en sommes réduits à ne pouvoir nous occuper de notre défense contre un ennemi qui porte dans nos campagnes et dans nos villes, la ruine et le meurtre, sans avoir à délibérer au préalable sur notre reconstitution intérieure. Jamais, chez aucun peuple, la démence de la haine n'a paralysé à un tel degré la fibre patriotique; et c'est des Prussiens eux-mêmes que le gouvernement usurpateur sollicite la réunion d'une assemblée à laquelle il doit demander la rançon de la France. Jamais, non jamais incapacité n'a été si notoire.

Par les emplois que j'ai occupés durant une longue carrière dans l'armée, par quelques études qu'ont bien voulu approuver des hommes autorisés, j'ai acquis sur les intérêts militaires quelque compétence. J'aurais bien voulu m'en tenir à ce sujet; mais, préalablement à la question des intérêts militaires, s'élève l'inévitable question de savoir à qui ces intérêts doivent être confiés, c'est-à-dire la question de savoir qui nous gouvernera. De par les insurgés du 4 septembre, je suis comme tout Français condamné à travailler comme ouvrier en constitution politique, je constate d'abord que ce n'est que contraint et forcé que je me mets à cette tâche.

Bien des gens aspirent à devenir législateurs, ou bien, en qualité de journalistes, à inspirer les législateurs. Les aspirants législateurs, à mon départ de Paris, couvraient les murailles de leurs professions de foi ; les journalistes faisaient assourdir les passants par les crieurs de journaux. Tout le monde, avant la guerre, était d'accord que le drapeau de la République ne rallie en France (à quelques rares et honorables exceptions près), que des incapables et des ambitieux : je n'ai rencontré, depuis la renaissance du gouvernement républicain, aucune personne qui dans l'intimité ne m'ait fait savoir que le nouvel essai ne l'ait solidement confirmée dans ses convictions anti-républicaines ; et cependant, malgré cet universel dégoût, les aspirants législateurs et les inspirateurs des législateurs, dans la crainte de choquer les électeurs ou les abonnés, font des rodomontades républicaines.

Je n'ai pas, comme mes collaborateurs en constitution politique, des électeurs ou des abonnés à ménager ; je ne suis pas tenu, comme eux, à me masquer et à me travestir, et tout petit clerc que je suis devant ces personnages influents, je me sens sur eux un avantage, celui de la sincérité.

J'ai déclaré d'abord positivement que je n'admets comme légale représentation de la nation, que le Corps législatif. Pourrons-nous, ou ne pourrons-nous pas nous cramponner à cette planche de salut ? J'attends, et je n'ose encore l'espérer.

Quant à l'empereur, étant déchu, il n'a plus la faculté de protéger personne : réciproquement personne n'est tenu à lui être fidèle, car chacun de ses anciens sujets a besoin d'être protégé, et ne peut, à la fois, être le fidèle sujet de celui qui le protége de fait, et le fidèle sujet de celui qui a cessé de le protéger. Entre souverain et sujets, la protection et la fidélité sont les deux termes inséparables d'un contrat synallagmatique, qui, bien que tacite, est en réalité dans l'essence des choses.

Je dis que l'empereur, étant déchu, les Français envers lui sont dégagés ; mais je ne dis pas qu'il est indigne et même, s'il est besoin, qu'il n'est pas à reprendre comme souverain.

La question d'indignité est à traiter d'abord ; la question des candidatures au trône nécessitera plus de développements.

Je repousse avec mépris l'accusation d'indignité, di-
rigée contre l'Empereur, et pour donner à mon avis
toute sa valeur, je m'empresse en même temps de dé-
clarer que je ne suis lié à lui par aucun bienfait.

Au contraire, je suis clérical, et vis-à-vis les cléricaux
qui ont toujours loyalement servi l'empire, l'Empereur
s'est montré constamment ingrat; il a supprimé le journal *l'Univers* qui était leur organe ; il a, dans la société de Saint-Vincent-de-Paul, persécuté les cléricaux ;
il a, dans les élections, traqué les cléricaux d'une façon
implacable; il a, à l'aide de ses courtisans Rouland,
Duruy et autres, cherché à décatholiser la France ; il
a, par ses diplomates, incessamment harcelé Notre
Saint-Père le Pape ; il a conspiré avec l'indigne Victor-
Emmanuel contre le Pape ; il a, par suite de cette
conspiration, prodigué le sang et le trésor des Français ;
il a pris, il est vrai, quelques engagements en sens
contraire; mais c'était pour ne pas exaspérer contre
lui les populations religieuses, par dissimulation et
calcul; et il a fini par violer ces engagements.

D'autre part, dans ses mœurs, l'Empereur est loin
d'avoir été irréprochable, et nous savons par la publication des pièces trouvées aux Tuileries, que, pour faire
cesser le scandale, notre noble impératrice avait réclamé
l'assistance d'un haut magistrat.

Mais toute regrettable que soit la persécution contre

les cléricaux et contre le Pape, ce n'est pas plus un motif d'indignité que les hostilités dirigées contre le Pape par M. Daru, ce faux-sage qu'on exalte. Bien des personnages ont poussé à la guerre d'Italie, qui ne sont pas traités d'indignes. D'autre part, on ne trouve pas que Henri IV, malgré ses faiblesses, soit un indigne. Dans les familles les plus respectables de France, on trouve des membres qui décèlent quelques faiblesses ; par ce seul motif, on ne les déclare pas indignes.

Je suis d'autant plus en droit de me faire écouter de ceux qui n'ont pas de griefs personnels contre l'Empereur, que, pour moi, je me regarde comme ayant été l'objet de sa part d'un déni de justice que voici :

J'ai consacré de nombreuses années de mon existence à deux ouvrages intitulés : le premier, *Recherches sur la puissance des armées ;* le second, *l'Armée française d'après les lois militaires de* 1818 *à* 1868. J'ai signalé dans ces ouvrages l'infériorité de notre armée dans l'Europe nouvelle, tant sous le rapport organique, que sous le rapport numérique ; et l'implacable esprit de domination des Prussiens.

La publication de mes ouvrages sans être autorisée, eût été, pendant mon activité militaire, contraire à la discipline de l'armée. J'ai demandé deux fois au ministre cette autorisation, et je ne l'ai pas obtenue. J'ai sollicité de l'Empereur que cette prohibition fût levée, je l'ai fait dans quatre audiences, ce qui m'était fort pénible, je n'ai rien obtenu. Je n'ai pu faire cette publication qu'après la cessation de mon service actif, et après que la loi militaire venait d'être votée ; j'avais perdu pour moi et pour mon pays l'occasion d'utiliser mes persévérantes études. J'en ai été, et j'en suis encore profondément attristé ; mais pour cela je ne me trouve pas le droit d'être injuste envers l'Empereur.

L'Empereur, en partageant dans la campagne de 1870 les dangers du soldat, ajoutait à la défense une notable énergie. En donnant à l'héritier du trône le baptême du feu, il le formait, à notre profit, à la véritable école des souverains. Après les premiers revers, l'Empereur en quittant la direction de l'armée, a fait acte d'une noble résignation. En signant la capitulation à Sedan, il appuyait sa signature des plus autorisées signatures de l'armée. De faux braves peuvent seuls récuser la validité de ce témoignage d'une inexorable nécessité.

Le peuple français, en adoptant inconsidérément des haines implacables et injustes, s'abaisse moralement. En honorant le courage malheureux, il s'élèvera.

Je reviens à la question de constitution. La nation française, jusqu'à ce jour, a été atteinte d'une faiblesse constitutionnelle, la faiblesse de ne pas faire ses affaires elle-même. Elle s'est autrefois trouvée, nous l'expliquerons, dans cette nécessité ; mais, aujourd'hui elle est dans une nécessité contraire, celle de ne se remettre du soin de ses affaires à personne qu'à ses représentants. Ses représentants doivent avoir une main prépondérante sur la *chose publique,* c'est le bien commun, la meilleure des républiques, quel que soit le titre du chef de l'État, soit le titre de roi, soit le titre d'empereur, soit le titre de consul, soit le titre de président ; le titre importe peu, pourvu que nos représentants soient les maîtres.

Dans une Chambre de représentants on trouve :

Des courtisans du chef de l'État ;

Des courtisans du peuple ou démagogues ;

Des hommes qui, vis-à-vis le chef de l'État et vis-à-vis le peuple, jouissent d'une position indépendante.

C'est cette dernière catégorie de représentants qui seule est capable de bien gérer les intérêts nationaux, et de nous préserver des catastrophes. Si nous lui maintenons la gestion des affaires publiques, nous nous tirerons de la crise présente, et nous nous préserverons des catastrophes futures. Pour s'affermir dans la voie qui mène à ce but, on a besoin de garder toute liberté de jugement, et ne pas tenir compte de cette prostituée qu'on appelle l'opinion, et qui est toujours l'esclave des impudents de la veille.

En présence de ces trois divisions des représentants, savoir : les courtisans du chef de l'État, les hommes d'une position indépendante, et les démagogues, la France s'est toujours laissée livrer aux courtisans du chef de l'État, par suite de son profond dégoût pour les démagogues.

En effet, un démagogue, c'est Robespierre dressant ses listes de suspects, confisquant les patrimoines, emprisonnant et guillotinant à lasser le bourreau. Les démagogues, c'est le Directoire faisant banqueroute, dilapidant et étalant effrontément la dissolution de ses mœurs. Les démagogues, ce sont les organisateurs des ateliers nationaux de 1848, ce sont les clubistes insurrectionnels. Un démagogue, c'est Gambetta, le matamore d'estaminet, menteur impudent, entravant nos généraux dans leurs prudentes manœuvres, poussant nos jeunes soldats inexpérimentés sous le canon des Prussiens, accusant de trahison nos illustrations militaires, et les menaçant des assassinats juridiques. Un démagogue, c'est Jules Favre, qui après avoir donné dans son existence privée le scandale avoué de l'adultère, et qui sans posséder la moindre notion du danger qui menace l'indépendance nationale, s'impose à la direction des intérêts de la France. Un démagogue, c'est Crémieux, qui donne à 200 millions de chrétiens le spectacle douloureux de voir le successeur des gardes des sceaux de France donnant une accolade théâtrale au blasphémateur Garibaldi. Ce même Crémieux, qui a passé son existence dans l'air méphitique des sociétés secrètes, sociétés qui, par les grèves, anéantissent notre industrie, et par une sourde terreur dans les campagnes, enlèvent toute sécurité aux propriétaires qui voudraient, en s'y fixant, répandre l'aisance et la moralité. Un démagogue, c'est Jules Simon, le professeur d'irréligion qui attaque la jeune génération dans les écoles, pourrissant ainsi dans son germe, la naissante plante. La démagogie enfin, c'est l'expression la plus complète de l'incapacité morale et intellectuelle.

Notre histoire parlementaire se résume dans une perpétuelle défensive de la nation contre la démagogie, défensive malheureusement trop souvent insuffisante.

Les Chambres ont sans cesse, contre la démagogie, renforcé le pouvoir du chef de l'Etat : le chef de l'Etat a très-rarement la force ne ne pas déléguer son pouvoir à ses courtisans. Ceux-ci s'effarouchent du concours des hommes de position indépendante; ils rejettent ce concours; ils veulent des représentants qui leur soient agréables, c'est-à-dire serviles comme eux-mêmes; ils proscrivent les autres; ils isolent ainsi les intérêts du chef de l'Etat des intérêts publics; et quelques talents que possèdent ces courtisans, tels que les Troplong, les Billault, les Rouher, quelque habileté qu'ils mettent à se prévaloir de leur supériorité sur les démagogues, ils ne peuvent, sans les hommes indépendants, soutenir sans cesse l'assaut des passions politiques, et dans leur chute, causée par leur isolement et leur insuffisance, ils entraînent la chute de leur souverain, et avec celle-ci la chute des intérêts publics; c'est ainsi que s'expliquent les catastrophes.

Louis-Philippe, en 1848, a vu ses intérêts dynastiques séparés des intérêts publics, et uniquement rattachés pour la défensive, aux intérêts de ses courtisans; il a cédé, et par sa retraite, il a tout laissé s'effondrer.

L'impératrice a été poussée par les mêmes nécessités, en 1870, et elle a agi de même.

Tandis que si des hommes de position indépendante avaient tenu en main le pouvoir, ils eussent défendu la chose publique comme leur bien propre et avec l'appui de tout le monde; et les dynasties, solidaires avec la chose publique, eussent été sauvées avec elles.

Avant d'indiquer le moyen de fortifier les hommes de position indépendante en possession des intérêts de la France, nous croyons utile de jeter un coup d'œil rétrospectif pour expliquer comment le chef de l'Etat a conservé, jusqu'à présent, en France le monopole de gérer les intérêts publics sans aucun intermédiaire suffisant, sans aucun contrôle entre le peuple et lui.

A l'époque des hérésies luthériennes et autres, les princes et la noblesse ont, dans les idées nouvelles, vu une occasion de voler les biens du clergé.

Les princes d'Allemagne, en trompant leurs peuples, y ont réussi.

Le roi Henri VIII, en servant ses passions personnelles, a satisfait les convoitises de la noblesse anglaise.

En France, le peuple, plus moral et plus intelligent, a, en formant la Ligue, résisté à la noblesse ; il a forcé Henri IV à abjurer l'hérésie. La noblesse, sans conviction, a cessé de lutter pour le protestantisme ; mais sous Henri IV, sous Louis XIII, sous la minorité de Louis XIV, elle a été sottement turbulente. Sous Louis XIV et Louis XV, la vogue du jansénisme, de la persécution des Jésuites et de la littérature anti-chrétienne des encyclopédistes s'est emparée des classes élevées de la nation.

Voilà comme quoi, sous les Valois et sous leurs successeurs, les classes élevées de la nation ayant démérité à la fois du roi et du peuple, ont été l'obstacle à ce que des personnages de position indépendante fussent intermédiaires entre le roi et le peuple, et fussent investis du contrôle de représentants de la nation.

L'honnête Louis XVI a voulu sortir de cet état anormal bien que sanctionné par une tradition de plusieurs siècles ; mais par d'ineptes scrupules de conscience, il s'est abstenu de recourir à des moyens de légitime défense contre des moyens insurrectionnels ; il a péri à l'œuvre. Les moyens insurrectionnels sont entrés dans le droit public jusqu'à ce jour, sous le nom de principes de notre immortelle Révolution.

La nation française, effarée par la peur des conséquences de ce droit intrus, qui n'est autre que celui de la force brutale, s'est livrée successivement, pour s'en garantir, à Napoléon Ier, à Louis XVIII, à Louis-Philippe, à Napoléon III, et elle n'a joui que de la dose de libertés que ses maîtres, et surtout leurs courtisans ont bien voulu lui octroyer.

Je ne connais qu'une courte période pendant laquelle la France s'est gouvernée elle-même ; c'est celle de février 1848 à décembre de la même année, et cette période lui a valu deux victoires sur la démagogie : l'une à Paris pour l'ordre matériel ; l'autre à Rome pour le rétablissement du Pape. Cette courte période a été glorieuse pour la représentation nationale.

Si, par l'appui de l'armée, le Corps législatif ressaisit le pouvoir sur la démagogie, il peut conserver ce pouvoir à deux conditions :

La première condition c'est de satisfaire le sentiment religieux qui est vigueur dans la couche solide de la nation, quelque dévergondée que soit l'opinion flottante. Nous tirons la confiance qu'il en sera ainsi, d'une part dans les bons précédents de la Constituante de 1848, d'autre part du mépris qu'ont inspiré les courtisans Rouland et Duruy et le démagogue Jules Simon.

La seconde condition est de ne pas se donner un maître.

Nous trouvons dans l'histoire d'Angleterre, un grand enseignement sur la manière dont un peuple prend possession de la liberté de faire ses affaires, et sur la manière dont il la conserve.

L'Angleterre avait pour roi une espèce de brise-raison connu sous le nom de Jean-sans-Terre. La représentation nationale le renversa du trône, le chassa du pays, et lui donna pour successeur le fils du roi de France Louis VII. Puis s'avisant que si elle était ainsi devenue maîtresse de se gouverner, elle pouvait, sans continuer d'aliéner l'indépendance nationale vis-à-vis le roi de France, rester maîtresse, elle renvoya son très-honorable nouveau souverain, reprit pour roi le prince-

Casse-Cou ; et tint facilement en lisière ce monarque discrédité. Cette restauration fut sanctionnée par la grande Charte. Cest de cette restauration que datent les libertés dont nos voisins n'ont cessé de jouir ; et cette jouissance dure déjà depuis six siècles.

Nous espérons que nos représentants sauront au besoin se montrer aussi prudents et prévoyants que l'ont été ceux de nos voisins.

Le Corps législatif, notre représentant légal, prenant dans la cirsconstance de l'invasion étrangère le droit de nous reconstituer un gouvernement, n'a de choix possible qu'entre quatre partis :

La République ;

Le comte de Chambord ;

Le chef de la famille d'Orléans ;

L'empereur Napoléon III.

Je n'oppose contre le choix de la République qu'une objection d'opportunité. La République est le point de ralliement des démagogues. Si nous choisissions ce mode de gouvernement, les démagogues se croiraient quelque importance et le feraient croire. Un tel appui donné à des hommes que nous venons de subir avec une si profonde répulsion serait une faute. Mieux vaut attendre une autre occasion.

La noble attitude de M. le comte de Chambord pendant le Concile, attitude par laquelle il a montré son dédain pour l'opinion dévoyée d'un nombre notable de ses partisans, montre qu'il est héritier des traditions de saint Louis, et que, par le caractère, il est de beaucoup supérieur à tous les souverains de l'Europe.

Son avénement ferait tressaillir bien des cœurs, et le ferait saluer comme un libérateur.

Les représentants de position indépendante possèdent en ce moment une supériorité incontestable sur les démagogues discrédités par leur orgie de 1870; non-seulement ils n'ont pas besoin de libérateur, mais pour garder leur autorité morale ils doivent prouver qu'ils n'ont pas besoin de libérateur. En acceptant un prétendant déclaré libérateur, ils se donneraient un maître.

D'autre part, M. le comte de Chambord serait suivi de ceux des légitimistes qui se sont déclarés irréconciliables avec l'empire; gens qui s'arrogent comme un droit de se maintenir, contre la volonté de la majorité, en permanente insurrection; gens qui implantent dans notre pauvre France le *liberum veto* déjà si fatal à la Pologne; gens qui jouissent des avantages d'un gouvernement, qui parfois en briguent les faveurs, et qui envers lui, méconnaissent leurs obligations; sous-secte révolutionnaire d'autant plus dangereuse qu'elle masque ses agissements sous les grands mots d'attachement aux principes et de fidélité. Ces hommes se posent à l'avance comme les importants d'un nouveau règne, et ils le rendent impossible comme bien des républicains rendent la République impossible. Les deux sous-sectes révolutionnairés, celle des faux-légitimistes et celle des faux-républicains, sont des produits maladifs d'une épidémie morale; la pratique du respect du pouvoir peut seule, en assainissant l'esprit public, les faire disparaître.

En somme, le moment de M. le comte de Chambord n'est pas encore venu.

La famille d'Orléans est un modèle de vie privée; elle contient une pépinière de jeunes généraux que l'Europe nous envierait; elle est l'idéale de la partie lettrée de la nation, et malheureusement de la classe qui penche aux négations religieuses. On déclarerait infailliblement la famille d'Orléans libératrice, et on lui donnerait une importance qui annulerait celle des représentants d'une position indépendante.

Le moment de la branche d'Orléans n'est pas encore venu.

La restauration de Napoléon III, par exclusion des

trois candidatures précédentes, a droit à être examinée.

Le discrédit de la politique extérieure et intérieure de ce prince ne laisserait à ses courtisans aucune chance de prépondérance. Ce discrédit des courtisans coïncidant avec le discrédit des démagogues, laisserait aux représentants de position indépendante du Corps législatif une incontestable influence, la liberté intérieure de la France deviendrait possible ; si, comme la Constituante de 1848, le Corps législatif respecte le fond des sentiments catholiques des Français, la liberté intérieure sera fondée.

En outre, cette réélection de Napoléon III présenterait les avantages :

De ne pas amener à la suite du nouveau souverain une foule de faméliques à pourvoir aux frais du trésor public.

De déconcerter pour longtemps la secte révolutionnaire au grand profit de notre tranquillité intérieure.

De restaurer en France le respect de l'autorité.

De donner une base inébranlable à notre représentation nationale.

Les lois désirables me semblent être :

1º Une dictature à court terme, trois mois par exemple, sauf renouvellement avant le dernier mois aussi souvent que de besoin ;

2º Placement de la garde nationale sous l'autorité militaire, et nomination des cadres par voie hiérarchique ;

3º Loi plaçant la presse de chaque localité sous l'autorité des conseils municipaux électifs ;

4º Loi établissant un modeste cens électoral, par exemple de 5o francs ;

5º Loi supprimant l'indemnité allouée aux représentants pour les sessions à venir.

Une loi d'hérédité du trône renouvelée, quant au principe, des lois qui régissaient nos aïeux, trancherait le droit de la nation sur le choix des chefs de l'Etat. Elle ouvrirait le sol de la patrie aux descendants des dynasties qui ont régné sur la France. Elle rendrait émules des personnalités ennemies. Elle apaiserait les haines des partis.

Je proposerais par exemple pour successeur de Napoléon III, le Prince Impérial ; pour successeur du Prince Impérial, le comte de Chambord ; pour successeur du comte de Chambord, un prince à choisir sur la présentation de ce dernier faite dans un bref délai après son adhésion à la loi qui réglerait le droit de succession. Cette présentation discrétionnaire écarterait les prétendants qui ne présenteraient pas de garantie aux opinions religieuses du pays.

RÉSUMÉ.

Si, ce qu'à Dieu ne plaise, l'Assemblée de Bordeaux, convoquée sous la terreur des armées prussiennes, élue sous la terreur des armées prussiennes, et délibérant sous la terreur des armées prussiennes, garantissait à ces armées qui ont porté dans nos foyers la ruine et le meurtre, qu'elles peuvent se retirer en sécurité dans leurs foyers, s'y partager nos épargnes passées et futures, et consolider ainsi le faisceau des armées qui nous accablent.

Puisse la nation française comprendre que la nation prussienne, qui est courbée sous le joug de la race du premier bourreau de la Pologne, et qui, sous la seule inspiration du principe païen de la domination de son prochain, sans grief contre la France, a préparé contre la France une implacable guerre, a perdu la faculté de donner à la France une paix véritable.

Puisse, par le refus de l'impôt à l'Assemblée de Bordeaux, la nation française protester contre l'engagement de ses faux-sages affolés par la peur; élever du fond de sa conscience chrétienne son *non possumus,* plébiscite affirmant irrésistiblement l'affranchissement du joug révolutionnaire, et l'indépendance nationale.

Puissent les pères de famille comprendre que le rôle des soldats qui, n'étant qu'un contre trois, se sont battus comme des héros, se trouve momentanément suspendu, et que ces soldats ont droit à se retirer dans des places de sûreté bien ravitaillées, et que c'est à eux, pères de famille, à user par la force d'inertie l'armée prussienne, en la retenant sans ressource loin de ses foyers, en souffrant avec résignation la ruine et le pillage, en ne traitant pas avec l'ennemi, et en espérant, comme Notre Saint-Père le Pape au pouvoir des Piémontais.

Puissent les chefs de l'armée, réprouvant le parjure du gouverneur de Paris, offrir dans nos places de sûreté la protection au seul représentant légal de la nation : au Corps législatif. Puissent-ils, en sanctionnant le droit par la force, restaurer l'ancienne discipline.

Puisse le Corps législatif, donner l'exemple de la confiance dans l'avenir de la France; recourir largement à l'emprunt, et ne pas marchander les subsides :

> Pour faire multiplier sur le sol de la France les places de sûreté, en secondant la population à se construire des abris;

Pour rompre partout toutes les communica-
tions;

Pour élever des fabriques d'engins de défense;

Pour réunir de grands approvisionnements de
guerre et de bouche;

Pour recruter à prix d'argent une armée auxi-
liaire européenne qui, au moment où elle
aura pour elle le nombre et la maturité,
reprendra l'offensive.

Puisse le Corps législatif, en refusant des mains des
partis, de prétendus sauveurs, se maintenir le maître
de nos affaires; puisse-t-il, en honorant par une répa-
ration le courage malheureux, restaurer le respect de
l'autorité; puisse-t-il à la fois, en désarmant la démagogie et en repoussant l'invasion, maintenir à l'exté-
rieur l'indépendance nationale, et fonder à l'intérieur
l'ère des véritables et durables libertés!

CONCLUSION.

Si la nation française ne perd pas sa confiance en
Dieu et en son droit;

Si elle se résigne à souffrir;

Si elle se cramponne à la légalité;

Si elle honore le courage malheureux ;

Si elle fait avec grandeur ses sacrifices d'argent ;

Si elle s'abrite avec prudence derrière des remparts ;

Si elle prépare avec maturité une nouvelle défense active ;

Elle musèlera'à la fois :

Les courtisans ambitieux ;

L'ignoble secte révolutionnaire ;

Et les Prussiens.

Elle méritera qu'on dise aujourd'hui, comme du temps de ses aïeux :

Le bras de la France est le bras de Dieu.

Gesta Dei per Francos.